Sin duda, para mi mamá... Alice

A mis padres, Liliane y Martin. Célia

Título: *Pedro y la Luna*
Título original: *Pierre la Lune*
Autora del texto: Alice Brière-Haquet
Ilustradora: Célia Chauffrey
Traducción: Marcela García Henríquez de Sury
Diseño de la presente edición: Boutique Editorial - www.boutiqueeditorial.com

ISBN 978-950-02-0734-8

Primera edición: julio de 2013

Patagones 2463 - (C1282ACA) Buenos Aires, Argentina
Tel.: (54 11) 4943-8200 Fax: (54 11) 4308-4199
E-mail: editorial@elateneo.com

Impreso en Triñanes,
Charlone 971, Avellaneda,
provincia de Buenos Aires,
en julio de 2013.

Libro de edición argentina.
Queda hecho el depósito que establece la Ley 11.723.

Brière-Haquet, Alice
Pedro y la Luna / Alice Brière-Haquet ; ilustrado por Célia Chauffrey. - 1a ed. - Buenos Aires : El Ateneo, 2013.
36 p. : il. ; 30x23 cm.

Traducido por: Marcela García Henríquez de Sury
ISBN 978-950-02-0734-8

1. Literatura Infantil Francesa. I. Chauffrey, Célia, ilus. II. García Henríquez de Sury, Marcela, trad. III. Título
CDD 843.928 2

Pedro y la Luna

Texto de Alice Brière-Haquet
Ilustraciones de Célia Chauffrey
Traducción de Marcela García Henríquez de Sury

Editorial El Ateneo

Esta es la historia de un niño pequeño
que no es muy grande, ya que es muy muy pequeño.

Y también es la historia de su mamá. Ella es, muy muy alta.

Pero también es muy muy hermosa y muy muy inteligente.
Y como si fuera poco, es muy muy buena y muy muy inteligente.

Este niño pequeño, que no es
muy grande,
quiere darle a su mamá
un regalo a su altura:
tan grande como su corazón,
repleto de dulzura,
pleno de felicidad
y brillante como sus ojos.

El regalo perfecto
está en las estrellas.
Y como mamá hay una sola,
¡Pedro quiere darle la Luna!

Claro, pero ¿cómo?
Pedro es un niño pequeño,
que no es muy grande...
¡Tiene que pedir ayuda
para alcanzar la Luna!

Pedro le
pide a su papá:

¡Si me dejas trepar a tu espalda,
te prometo que te daré un pedacito!

El papá le dice que sí,
y lo ayuda a subir hasta sus hombros.

Pero aun así,
Pedro no alcanza la Luna.

Pedro le
pide a sus primos:

*¡Si nos dejan trepar a sus espaldas,
les prometo que les daré un pedacito!*

Los primos se toman de las manos,
con el papá encima de sus hombros.

Pero aun así,
Pedro no alcanza la Luna.

Pedro le
pide a sus vecinos:

¡Si nos dejan trepar a sus espaldas, les prometo que les daré un pedacito!

Los vecinos se toman de las manos,
luego, los primos vuelven a su lugar,
con el papá encima de sus hombros.

Pero aun así,
Pedro no alcanza la Luna.

Pedro le
pide a la gente que encuentra en su camino:

¡Si nos dejan trepar a sus espaldas,
les prometo que les daré un pedacito!

La gente que encuentra en su camino
se toma de las manos, luego los vecinos y los primos
vuelven a su lugar,
con el papá encima de sus hombros.

Pero entonces Pedro se da cuenta de que es
mucha mucha gente.
Aunque alcance la Luna redonda,
no quedará más que un pedacito para su mamá,
un pedacito de nada.

Pedro
se siente decepcionado y molesto,
e, incluso, un poco enojado.
Casi tiene ganas de patalear.

Así que decide seguir su camino.
Tal vez pueda encontrar a alguien
que le preste una escalera
o una caña de pescar.

Camina, camina, camina sin parar
durante muchas, muchísimas horas.

Camina, camina, camina sin parar
durante muchos, muchísimos días.

Camina, camina, camina sin parar
durante casi un mes.

Sin darse cuenta,
¡da la vuelta al mundo!

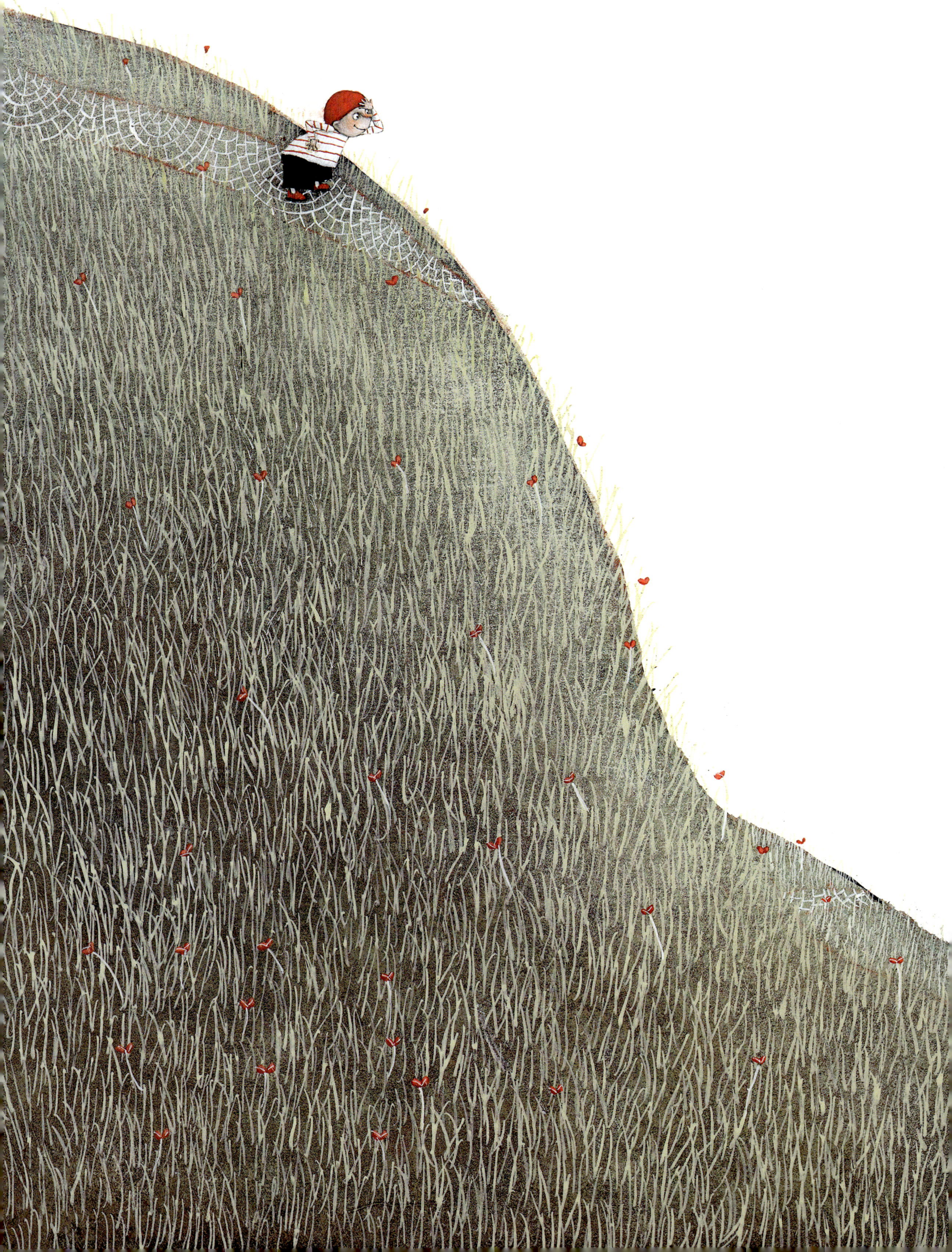

Tanto es así,
que al final
Pedro
llega a su casa.

A decir verdad,
se siente aliviado,
se ha cansado mucho
y le duelen los pies.

Se da cuenta de que todos
lo están esperando:
el papá, los primos,
todos los vecinos,
e, incluso, la gente que encontró en su camino.

Después de todo,
también tiene ganas
de darle un pedacito de Luna a cada uno...
Entonces, sube, sube, sube,
y como hay mucha mucha gente,
y como él ha crecido
un poquito,
¡llega a la Luna!

Pero qué sorpresa:

¡La Luna es inmensa, inmensa!

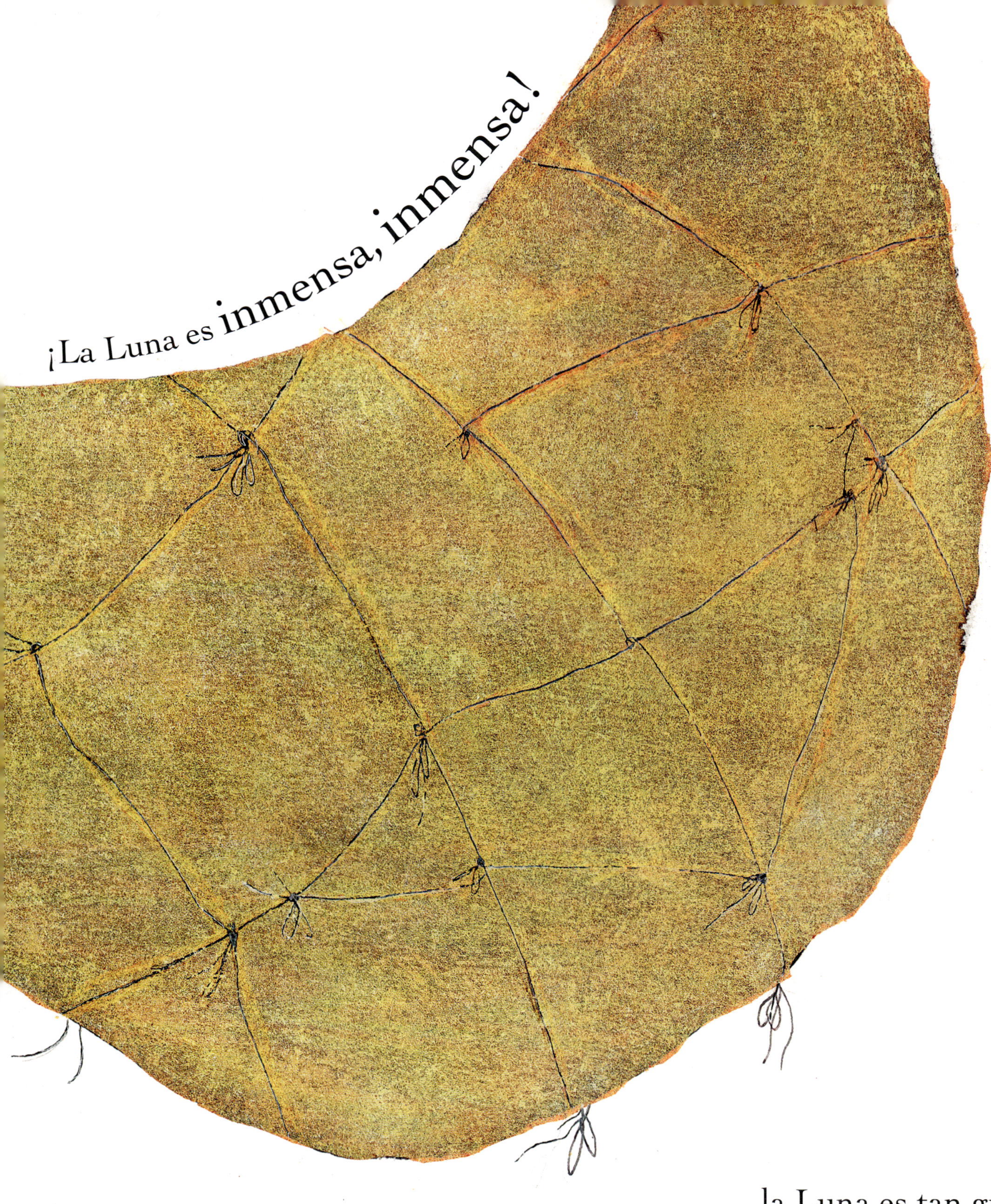

la Luna es tan grande
que alcanza para el papá,
los primos, los vecinos
y la gente que encontró en su camino...

En realidad,
hay suficientes pedacitos
para los primos de los vecinos,
para los primos de los primos de los vecinos
y para todas sus mamás...

Sin embargo, para su mamá,
elige, claro está,
la medialuna más linda.

Porque mamá hay una sola y
¡Pedro quiere darle la Luna!